생생화보로 배우는
중장비사전

생생화보로 배우는
중장비사전

초판 인쇄 2025년 7월 7일
초판 발행 2025년 7월 17일

지은이 콘텐츠랩
펴낸이 진수진
펴낸곳 굿키즈북스

주소 경기도 고양시 일산서구 일산동 1093
출판등록 2013년 5월 30일 제2013-000078호
전화 031-911-3416
팩스 031-911-3417

*본 도서는 무단 복제 및 전재를 법으로 금합니다.
*가격은 표지 뒷면에 표기되어 있습니다.

생생화보로 배우는
중장비사전

차례

- 도로청소차 · 6
- 항공기유도차 · 8
- 불도저 · 10
- 그레이더 · 12
- 고소작업차 · 14
- 항타기 · 16
- 군용트럭 · 18
- 트럭엔트레일러 · 20
- 쇄석기 · 22
- 노면파쇄기 · 24
- 쓰레기수거차 · 26
- 살수차 · 28
- 로더 · 30
- 롤러 · 32
- 크레인 · 34
- 스크래들캐리어 · 36
- 스크레이퍼 · 38
- 픽업트럭 · 40
- 천공기 · 42
- 파워셔블 · 44
- 공항급유차 · 46
- 지게차 · 48
- 탱크로리 · 50
- 견인차 · 52
- 유조선 · 54
- 콤팩터 · 56

- 바위톱 · 58
- 준설선 · 60
- 자갈채취기 · 62
- 블라스트 홀 드릴 · 64
- 물대포차 · 66
- 굴착기 · 68
- 어스드릴 · 70
- 탑차 · 72
- 덤프트럭 · 74
- 거중선 · 76
- 화물열차 · 78
- 타워크레인 · 80
- 아스팔트살포기 · 82
- 목재트럭 · 84
- 사다리차 · 86
- 카고트럭 · 88
- 믹서트럭 · 90
- 제설차 · 92
- 자이언트덤프트럭 · 94
- 트랙터 · 96
- 스키드로더 · 98
- 노상안정기 · 100
- 콘크리트펌프 · 102
- 수목이식기 · 104

01 도로청소차

크 기
5톤 또는 8톤 화물 트럭.

용 도
도로의 위생을 관리하고 쾌적한 환경을 조성함.

참고 사항
노란색 경광등을 설치할 수 있음.

　쓰레기를 치우는 트럭을 '청소차'라고 합니다. 그중에서도 우리가 생활하는 공간의 도로를 깨하게 관리하는 대형차를 '도로청소차'라고 하지요. 이것은 도로 청소를 위한 장비를 두루 갖춘 '특장차'입니다.

　특장차는 특수용도차라고도 합니다. 특수한 장비를 갖추고, 특별한 용도에 이용하는 자동차를 일컫지요. 도로청소차 외에도 소방차와 제설차 등을 예로 들 수 있습니다.

　도로청소차는 사람들의 생활 공간을 쾌적하게 유지하기 위해 반드시 필요합니다. 이 차량은 대개 관공서 소유인데, 기계로 작동하는 빗자루로 거리의 쓰레기를 쓸어 담고 물탱크의 물을 뿌려 청결한 환경을 만들지요. 도로청소차는 주로 5톤이나 8톤 트럭으로 제작합니다.

02 항공기유도차

크 기
승용차 크기의 일반 차량을 개조해 이용함.

용 도
공항에 착륙한 항공기를 주기장까지 안전하게 유도함.

참고 사항
항공기와 연결해 견인하는 차량은 '토잉카'라고 함.

    공항에 가면 비행기 말고도 여러 종류의 특수 차량을 볼 수 있습니다. 그중 하나가 '항공기유도차'지요. 흔히 '지상유도차량'이라는 이름으로 불립니다.

    항공기유도차는 공항에 착륙한 항공기를 주기장까지 유도하는 차량을 일컫습니다. 여기서 주기장은 자동차 주차장과 같은 시설을 의미하지요. 보통 항공기는 관제탑의 지시에 따라 움직이지만, 활주로가 여러 개 있거나 안개가 끼는 등 복잡한 상황에서는 항공기유도차의 도움을 받습니다. 이 차는 '팔로우 미(Follow Me)'라는 등을 밝히거나 커다란 깃발을 달고 와서 항공기를 안전하게 유도하지요. 그런데 인천공항 같은 최신 공항에서는 활주로 등화로가 항공기유도차의 역할을 대신하기도 합니다.

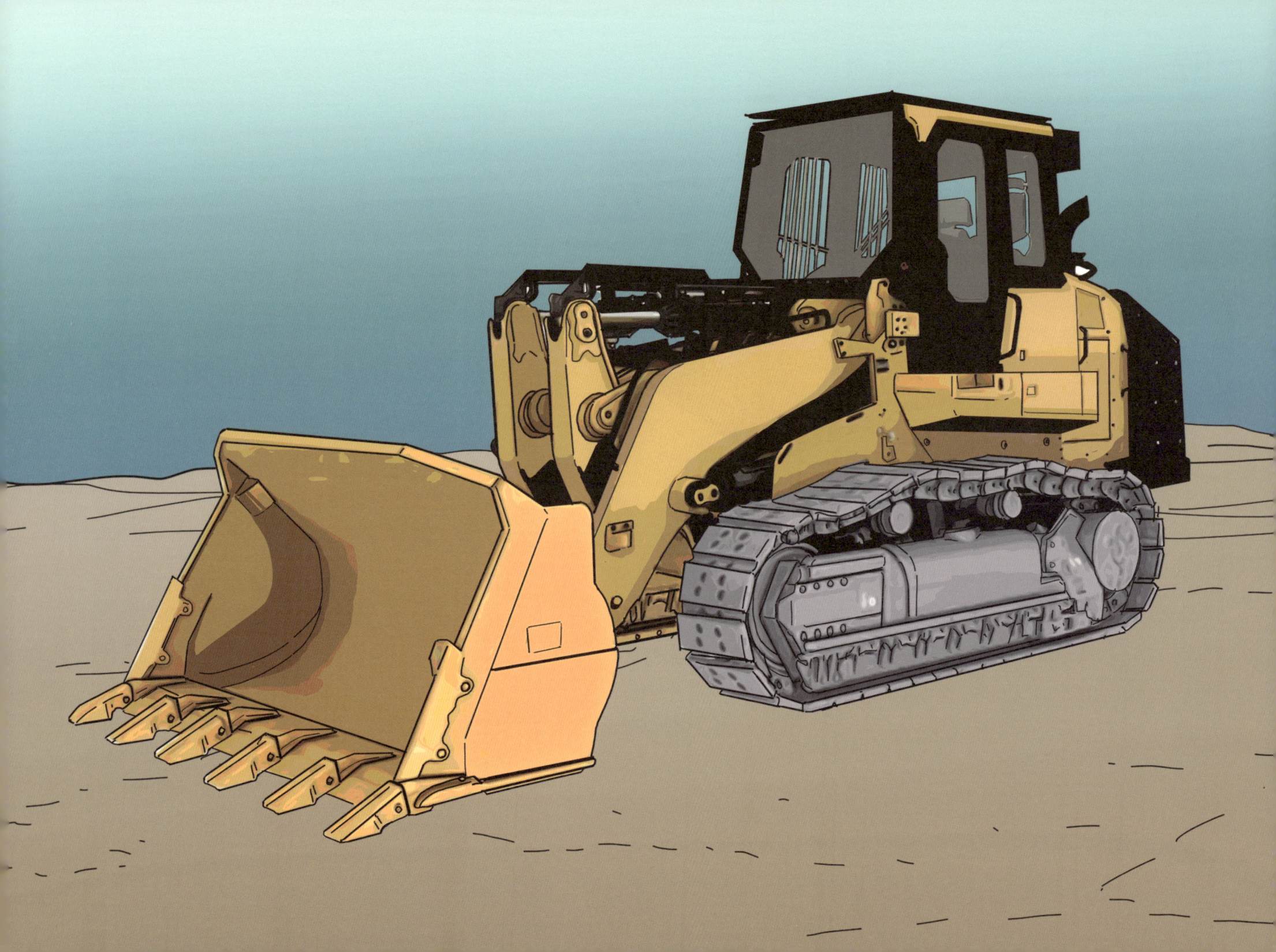

03
불도저

크 기
1톤에서 30톤 이상 되는 다양한 크기.

용 도
많은 양의 흙과 자갈을 밀어내거나 굴착하는 기능을 함.

참고 사항
견인력이 강하지만 속도는 빠르지 않음.

　건축과 토목 공사에 이용되는 대표적인 건설기계 중 하나입니다. 무한궤도를 장착한 모습이며, 철로 된 블레이드(삽날)로 많은 양의 흙과 자갈을 굴착하거나 밀어내는 기능을 하지요. 간단히 '도저'라고도 부릅니다.

　불도저는 1톤 정도의 작은 것으로부터 30톤이 넘는 대형까지 다양한 규격으로 제작됩니다. 그만큼 공사 현장에서 쓰임새가 많기 때문이지요. 앞면의 블레이드 말고도 뒤쪽에 리퍼가 있어 바위를 깨거나 수십 센티미터 정도의 땅을 파는 데 자주 사용됩니다.

　불도저는 험한 땅을 평탄하게 하는 것은 물론이고 겨울철 제설 작업에도 없어서는 안 될 중요한 건설기계입니다. 무한궤도로 움직여 돌이 많거나 진흙길에서도 원활하게 작업하지요.

04 그레이더

크 기
블레이드 길이를 기준으로 3.7미터(대형), 3.1미터(중형), 2.5미터(소형).

용 도
도로 공사 등에서 땅을 고르거나 굴착하는 데 쓰임.

참고 사항
앞뒤 차축의 간격이 길고, 그 중앙에 작업 장치를 설치함.

건축과 토목 공사에 이용되는 건설기계 중 하나입니다. 도로 공사에서 땅을 고르거나 굴착하는 데 많이 쓰이지요. 주요 구조물로는 지면을 깎거나 평탄하게 만드는 블레이드를 비롯해 땅을 파내는 스캐리파이어(쟁기)가 있습니다.

그레이더의 규격은 블레이드 길이를 기준으로 삼습니다. 3.7미터 안팎을 대형, 3.1미터 안팎을 중형, 2.5미터 안팎을 소형으로 구분하지요. 그레이더의 용도는 다양합니다. 자갈 같은 파편들을 제거해 지면을 고르게 만들 뿐만 아니라, 매설 공사와 제설 작업 등에서도 효과적인 역할을 하지요. 특히 폭설이 내렸을 때 제설용 쟁기를 달아 작업하는 것이 가능합니다. 블레이드 역시 유압 모터를 장착해 좌우로 자유롭게 회전하는 특징이 있지요.

05 고소작업차

크 기
1톤부터 20톤까지 다양함.

용 도
높이 2미터 이상으로 노동자와 작업대를 올릴 때 이용함.

참고 사항
고소작업차 1톤은 18미터, 5톤은 45미터 높이까지 작업 가능.

특수건설기계로 분류됩니다. 현장에서는 대개 '스카이' 또는 '스카이차'라고 부르지요. '고소작업차'는 높이 2미터 이상인 곳에서 작업하기 위해 노동자와 함께 작업대를 위로 올릴 때 이용합니다. 그 종류에는 트럭식, 간이이동식, 무한궤도식이 있지요.

그중 가장 흔히 볼 수 있는 고소작업차는 트럭식입니다. 이 종류는 도로 주행이 가능한 장점이 있지요. 그에 비해 간이이동식은 도로 주행이 불가능합니다. 하지만 가까운 거리는 이동할 수 있어 주로 공장이나 창고 같은 현장에서 이용하지요. 마지막으로 무한궤도식 역시 도로 주행은 안 되지만 지면이 고르지 않은 험한 지형에서도 쓸 수 있다는 장점을 가졌습니다. 고소작업차의 규격은 1톤부터 20톤에 이르는 것까지 다양하지요.

06
항타기

크 기
무게 40톤 이상.

용 도
지면에 말뚝을 박는 장비.

참고 사항
항타기에 특정 장치를 부착하면 말뚝을 뽑는 '항발기'가 됨.

　천공기와 비슷한 건설기계입니다. '항타기'는 한마디로 지면에 말뚝을 박는 장비라고 할 수 있지요. 해머가 낙하하는 힘을 이용하는 방식으로 작업을 진행하는데, 이때 증기압이나 공기압을 활용합니다. 요즘은 진동식으로 타설하는 장비도 개발되어 과거에 비해 공사 소음이 대폭 줄어들었지요.

　항타기는 무게가 보통 40톤이 넘는 대형 건설기계입니다. 따라서 그것을 한꺼번에 트레일러에 실어 도로를 이동하는 것은 불법이지요. 자칫 도로가 파손될 수 있으니까요. 원칙대로 하자면, 항타기는 주요 부위를 분해해 따로 이동해야 합니다. 참고로 공사 현장에서는 항타기를 가리켜 '오가'라고 부르기도 하지요.

07
군용트럭

크　　기
무게 1~18톤.

용　　도
병사 수송과 장비 이동 등에 이용됨.

참고 사항
작전 중인 군용트럭은 일반 차량의 추월이 금지됨.

　군대에서 군사적인 용도로 사용하는 트럭을 의미합니다. 이미 운전면허증이 있더라도, 군용트럭을 운전하려면 별도의 교육을 받은 뒤 군면허를 발급받아야 하지요.
　현재 대한민국 군대에서는 1톤부터 18톤까지 다양한 중량의 군용트럭을 사용합니다. 군복처럼 위장 도색을 한 차량뿐만 아니라, 일반인들이 몰고 다니는 것처럼 흰색이나 청색 차량도 있지요. 뒤쪽 화물칸에는 병사 수송용 벤치와 방수포를 설치한 형태도 흔히 볼 수 있습니다. 특히 중형전술차의 경우 여러 가지 기능을 하는데, 한꺼번에 무장한 보병 18명 정도를 실어 나르는 역할도 수행합니다. 모델에 따라 방탄 차체를 적용하며, 타이어가 파손돼도 48킬로미터쯤 주행할 수 있지요.

08
트럭앤트레일러

크 기
우리나라는 트레일러 길이를 16.7미터로 규제함.

용 도
컨테이너박스나 대형 자재 등을 옮기는 데 이용함.

참고 사항
바퀴 안쪽에 2개의 바퀴를 더 부착해 1축당 바퀴 4개씩의 조합이 가능함.

'트레일러'는 트럭 뒤쪽에서 견인되는 부수적인 차량을 가리킵니다. 그러니까 '트럭앤트레일러'는 트럭과 트레일러를 합쳐서 부르는 것인데, 공사 현장에서는 그냥 트레일러라고 일컫는 경우가 많습니다.

트럭앤트레일러에는 2개의 번호판이 존재합니다. 뒤쪽의 트레일러도 법적으로 자동차이기 때문에 견인하는 트럭과 별도의 번호판이 추가로 부착되지요. 그래서 견인하는 트럭과 트레일러가 서로 다른 번호판을 달게 되는 것입니다.

우리나라에서는 트럭앤트레일러가 주로 일반 트럭으로 실어 나를 수 없는 컨테이너박스 등을 옮기는 데 사용됩니다. 그런데 도로에 곡선 구간이 많으면 이동이 쉽지 않지요.

09 쇄석기

크 기
조쇄기, 중쇄기, 분쇄기에 따라 다양한 크기가 있음.

용 도
바위나 큰 돌을 작게 부수는 데 이용함.

참고 사항
원석을 단계 없이 한꺼번에 작게 부수면 기계의 고장을 일으키는 원인이 됨.

건축과 토목 공사에 이용되는 건설기계 중 하나입니다. 바위나 큰 돌을 작게 부수어 자갈을 만드는 기계지요. '쇄석기'는 원석을 200~350밀리미터 크기로 깨뜨리는 조쇄기, 그보다 작게 5~20밀리미터로 깨뜨리는 중쇄기, 최종적으로 더 작게 깨뜨려 작업을 마무리하는 분쇄기로 구별합니다.

쇄석기는 '피드'와 '크러셔'로 구성되어 있습니다. 피드는 원재료를 투입하는 곳이며, 크러셔는 원재료를 깨뜨리고 쪼개는 부분이지요. 크러셔는 유압 등 강한 힘을 가해 원재료를 필요한 크기로 분쇄합니다. 그 결과물은 컨베이어벨트를 통해 밖으로 배출되지요. 쇄석기는 원석을 모래만큼 잘게 분해하는 것도 가능합니다.

10
노면파쇄기

크 기
절삭 폭 1미터인 경우 12.4톤, 2미터인 경우 28.2톤.

용 도
콘크리트나 아스팔트로 된 길바닥을 절삭함.

참고 사항
절삭날의 개수는 97~150개.

　특수건설기계로 분류됩니다. 노면파쇄기는 말 그대로 콘크리트나 아스팔트로 된 길바닥을 파쇄하는 장비지요. 주로 길바닥 상태가 고르지 못하거나 여기저기 손상된 낡은 도로를 일정한 규격으로 잘라내는 데 이용합니다. 그 과정을 거쳐야만 오래된 콘크리트나 아스팔트를 걷어내고 도로를 재포장할 수 있지요.

　노면파쇄기는 '2미터 파쇄기' 등 그 기계가 최대 파쇄할 수 있는 도로 폭으로 구별합니다. 외관은 무한궤도가 있는 차량과 드럼형 몸체에 달린 절삭날, 컨베이어벨트 등이 장착된 모습이지요. 장비의 크기가 꽤 큰데, 작업 후에는 안쪽에 쌓인 폐기물을 물청소해줘야 하는 주의 사항이 있습니다. 그냥 두면 아스팔트 폐기물이 단단히 굳어버리기 때문이지요.

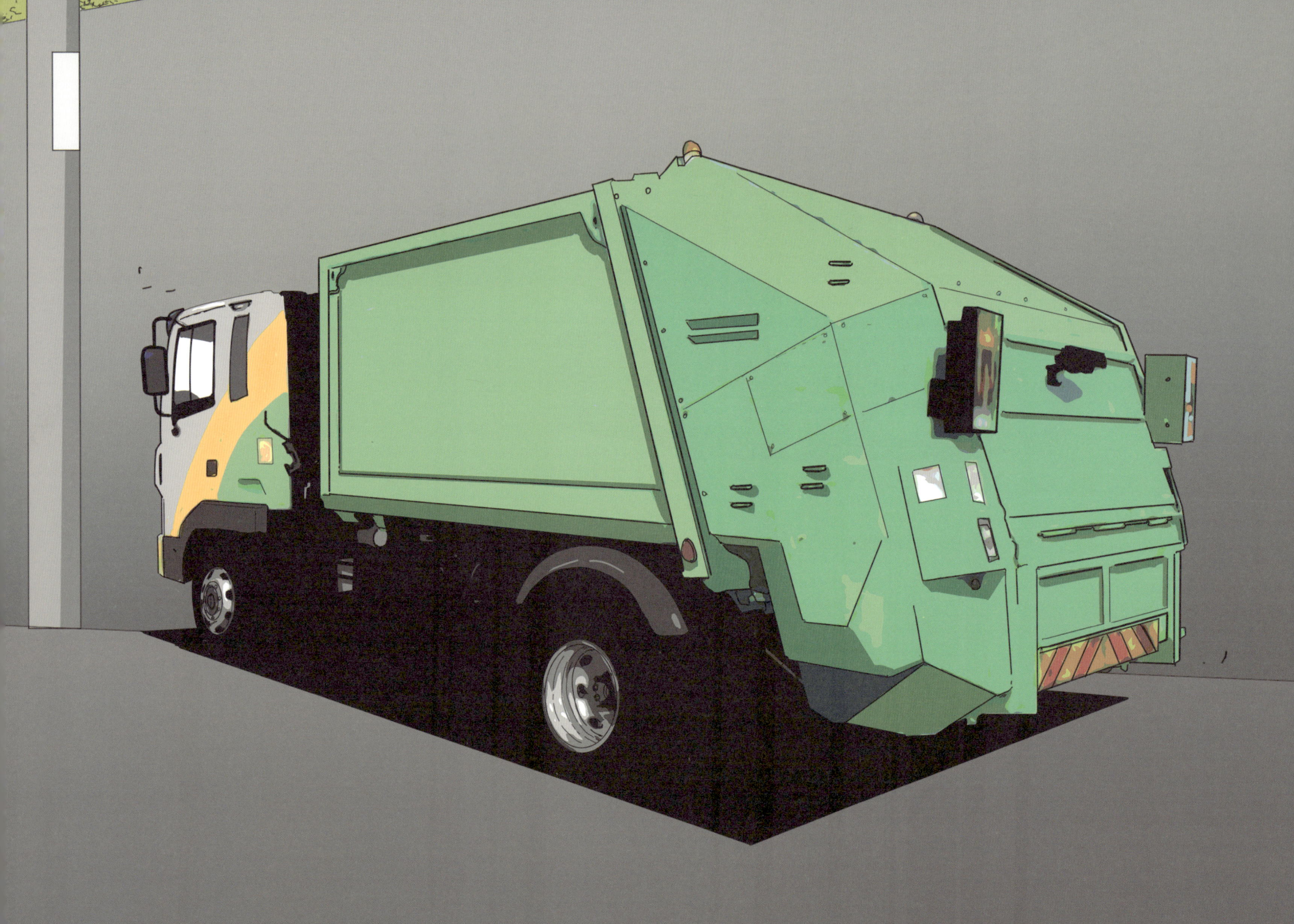

11
쓰레기수거차

크　기
2.5톤, 3.5톤, 5톤 등 다양함.

용　도
생활쓰레기 및 산업폐기물 수거에 이용함.

참고 사항
음식물 수거차는 따로 있음.

　우리나라의 하루 평균 폐기물 배출량은 약 52만 톤에 달합니다. 산업폐기물을 제외하고 일상생활에서 배출하는 쓰레기만 해도 6만 톤이 훌쩍 넘지요. 그 양을 1년, 10년으로 계산하면 정말 입이 떡 벌어질 정도입니다.

　그럼에도 우리는 생활 공간에서 쓰레기가 많다는 사실을 실감하지 못합니다. 관공서에서 부지런히 폐기물을 수거하기 때문이지요. 그때 중요한 역할을 하는 차량이 '쓰레기수거차'입니다. 요즘은 주로 '압착진개차'가 쓰레기봉투 수거에 이용되지요. 여기서 '진개'는 먼지와 쓰레기를 뜻하므로, 그것은 곧 쓰레기를 꾹꾹 눌러가며 수거한다는 의미입니다. 약간의 기능 차이가 있어 부피가 크고 무게가 적게 나가는 쓰레기용 '압축진개차'도 있습니다.

12
살수차

크 기
물탱크 용량 기준 2~26톤.

용 도
도로 청소, 산불 진화, 식수 공급 등

참고 사항
탱크에 독을 없애는 약품을 채워 화생방 작전에도 사용함.

살수란 '물을 흩어 뿌린다.'라는 뜻입니다. 그러니까 '살수차'는 도로 등을 청소하기 위해 일정한 압력으로 물을 뿜어낼 수 있는 차량을 가리키지요. 그처럼 물이나 기름, 화학 물질 같은 액체를 운반할 목적으로 만든 트럭을 '탱크로리'라고도 합니다. 그 용량은 2~26톤으로 다양하지요.

살수차는 도로 청소뿐만 아니라 산불 진화, 식수 공급 등 여러 용도로 이용됩니다. 그 구조는 운전 장치를 비롯해 물을 저장하는 공간과 물을 배출하는 펌프로 이루어졌지요. 도로 청소용의 경우 길바닥으로 물을 뿜어내는 노즐도 필요하고요. 고압 분사 설비를 갖추면 터널이나 건축물 등에 쌓인 묵은 때를 벗겨내는 데도 안성맞춤입니다.

13
로더

크 기
버킷 용량에 따라 다양하게 구별됨.

용 도
공사 현장의 흙과 골재를 날라 운반 기계에 싣는 데 사용함.

참고 사항
보통 휠로더가 스키드로더보다 작업 중량이 많음.

　건축과 토목 공사에 이용되는 건설기계 중 하나입니다. 주로 흙과 골재를 날라 운반 기계에 싣는 용도로 사용하지요. '로더'는 영어로 '트랙터셔블'이라고도 합니다. 우리말로는 '적하기'라고도 하고요. 크기는 버킷 용량에 따라 다양한데, 최대 70톤 이상의 토사물을 한꺼번에 옮길 수 있습니다.

　평소 건설기계를 접할 기회가 적었던 사람들은 로더를 불도저로 잘못 알기도 합니다. 하지만 무엇보다 불도저는 앞쪽에 땅을 고르는 블레이드가 달렸고 로더는 버킷을 장착했다는 점이 다르지요. 로더의 종류는 바퀴 모양이나 설치 장비에 따라 휠로더, 스키드로더, 백호로더 등으로 구별합니다.

14

롤러

크 기
대개 2~5톤이지만 10톤 이상 되는 것도 있음.

용 도
공사 막바지에 지면을 다지는 데 사용함.

참고 사항
롤러운전기능사를 취득하고 건설기계조종사면허도 발급받아야 작동 가능함.

　'롤러'는 공사를 마무리하면서 지면을 다지는 데 사용하는 건설기계입니다. 차체 앞쪽에 거대한 깡통처럼 보이는 무거운 드럼이 설치되어 있지요. 그것에 기동장치로 진동을 일으켜 바닥을 고르고 단단하게 다지는 것입니다.

　롤러의 무게는 대략 2~3톤입니다. 그런데 드럼이 앞뒤로 2개인 롤러도 있어 5톤 넘게 나가는 것도 적지 않지요. 공사 현장이 넓으면 10~15톤 정도 되는 롤러를 사용하기도 합니다. 그 종류에는 탠덤롤러(더블드럼롤러), 소일콤팩터(싱글드럼롤러), 콤비네이션롤러, 진동식타이어롤러, 탬핑롤러 등이 있습니다. 그 밖에 차량에 사람이 탑승하지 않고 작동하는 소형 핸드가이드롤러도 있지요.

15 크레인

크 기
작업 상황에 따라 2.5~1,200톤까지 이용함.

용 도
무거운 물체를 들어 올려 운반하는 장비임.

참고 사항
크레인의 톤수는 차량 무게가 아닌 들어 올릴 수 있는 하중을 의미함.

 '크레인'은 우리말로 '기중기'라고 합니다. 건축과 토목 공사에 사용하는 건설기계 중 하나지요. 크레인은 무거운 물체를 들어 올려 운반하는 장비입니다. 상하 좌우로 자유롭게 작동할 수 있습니다. 크레인과 같은 기중기의 역사는 무척 오래되었지요. 고대 이집트에서도 피라미드를 쌓을 때 그와 비슷한 장비를 이용했다는 기록이 있을 정도니까요.

 크레인의 종류는 다양합니다. 우선 크게 고정식 크레인과 이동식 크레인으로 구별하지요. 대표적인 고정식은 타워크레인이고 이동식에는 유압크레인, 증기크레인, 수압식크레인, 카고크레인 등이 있습니다. 크레인은 작업 상황에 따라 2.5톤에서 1,200톤까지 이용하지요. 무거운 물체를 운반하기 때문에 각별히 안전사고에 주의해야 합니다.

16
스트래들캐리어

크 기
스트래들캐리어는 한 번에 컨테이너 2개 정도를 운반함.

용 도
컨테이너터미널에서 하역과 운반을 동시에 할 수 있는 주행 장비.

참고 사항
여러 개의 바퀴로 컨테이너의 무게 분산 효과가 있음.

'스트래들캐리어'는 '스트래들트럭'이라고도 합니다. 컨테이너터미널에서 하역과 운반을 동시에 할 수 있는 자동 주행 기계를 말하지요. 여기서 컨테이너터미널이란, 수출입 물품 등을 실은 컨테이너의 운송에 관련된 항만 시설을 통틀어 일컫습니다. 흔히 컨테이너부두라고도 하지요. 스트래들캐리어는 컨테이너를 양다리 사이에 넣어 운반하는 모습에서 그와 같은 명칭이 붙게 되었습니다.

스트래들캐리어의 장점은 크레인을 사용하지 않고 적재 및 하역이 가능하다는 것입니다. 전후좌우로 자유롭게 움직일 수 있어 컨테이너를 원하는 장소에 편리하게 옮기는 것이 가능하지요. 바퀴가 달려 있어 기동성이 뛰어난 것도 장점입니다.

17 스크레이퍼

크 기
토사를 싣는 용량 기준 10~25톤.

용 도
흙을 파내고 고르며 이동시키는 역할을 함.

참고 사항
스크레이퍼는 흔히 대규모 토목 공사에 사용됨.

'스크레이퍼'는 건축과 토목 공사에 이용되는 건설기계 중 하나입니다. 굴착기와 운반기를 결합한 형태인데, 공사 현장에서 흙을 파내고 고르며 이동시키는 역할을 하지요. 앞바퀴와 뒷바퀴 사이에 강철로 된 짐 싣는 장치가 설치되어 있습니다. 용량은 10~25톤 정도의 토사를 실을 수 있지요.

스크레이퍼는 작업 용량이 커서 쓰임새가 늘어나는 추세입니다. 특히 불도저나 덤프트럭을 작동하는 데 부족함이 있는 공사 현장에서 환영받는 건설기계지요. 종류는 트랙터 등에 견인되어야 하는 피견인식과 스스로 이동하는 자주식이 있습니다. 자주식은 '모터스크레이퍼'라고도 하지요. 대개 운반 거리가 300미터 이상으로 길면 자주식을 이용합니다.

18 픽업트럭

크 기
적재 용량 1~3톤 정도.

용 도
적은 양의 화물을 싣고 견인하는 데 적합함.

참고 사항
밴 유형의 차량과 달리 운전석과 화물칸이 분리된 형태임.

　우리나라에서는 화물을 실어 나르는 자동차를 '트럭'이라고 정의합니다. 그 종류에는 '픽업트럭'을 비롯해 카고트럭, 덤프트럭, 탑차 등이 있습니다. 그중 픽업트럭은 주로 적재 용량 1~3톤 정도에 뚜껑 없이 짐을 실을 수 있는 공간을 장착한 차량을 일컫지요. 운전과 주차가 편리해 소규모 상업 활동에 적합합니다.

　픽업트럭은 비포장도로에서 적은 양의 화물을 견인하는 데 뛰어난 성능을 발휘합니다. 짐을 싣고 내리기가 편하다는 장점도 있지요. 따라서 건설 현장이나 농어촌에서도 활용도가 높습니다. 픽업트럭은 대개 후륜구동 방식을 채택하고 있으며, 튼튼한 엔진과 차체를 가져 어지간한 충격에도 잘 고장 나지 않지요. 보통 2인승 또는 4인승으로 제작되어 있습니다.

19
천공기

크 기
드릴 직경과 드릴링 깊이로 규격을 정함. 소형 천공기의 중량은 2톤 정도임.

용 도
강력한 드릴로 단단한 지반을 뚫는 기능을 함.

참고 사항
지하수를 찾으려고 지층을 뚫는 관정굴착기도 천공기에 포함됨.

　'시추기'라고도 하는 건설기계입니다. '천공기'는 거대한 말뚝과 강력한 드릴로 단단한 지반을 뚫는 기능을 하지요. 항타기 역시 넓은 의미로는 천공기의 한 종류입니다. 주로 지름 80~200센티미터, 깊이 30~50미터의 장소를 뚫을 때 천공기를 사용하지요.

　보통 지면이나 커다란 바위에 구멍을 뚫는 천공기를 항타기 등과 구별해 '록드릴'이라고도 합니다. 유압에 의해 작동되는데, 그것은 다시 '점보드릴'과 '크롤러드릴'로 나뉘지요. 점보드릴은 수평으로 구멍을 뚫는 천공기를 가리킵니다. 따라서 광산이나 터널 공사 등에 이용되지요. 반면에 수직으로 구멍을 뚫는 천공기로 무한궤도가 장착된 크롤러드릴은 주로 토목 공사에 이용됩니다.

20 파워셔블

크 기
버킷 용량 기준 100리터에서 8만 리터까지 다양함.

용 도
지면을 굴삭한 후 회전하여 토사를 트럭에 싣는 기능 등.

참고 사항
파워셔블은 '셔블계 굴착기' 중 하나임.

'파워셔블'은 주로 토목 공사에 사용하는 건설기계입니다. 지면을 굴삭한 후 선회하여 그 토사를 덤프트럭 등에 싣는 기능을 하지요. 우리말로 번역하면 '전동삽'이라고 표현할 수 있습니다. 본체의 긴 자루(붐)에 디퍼라고 하는 버킷을 부착한 형태로, 지면보다 높은 곳의 흙이나 돌멩이를 실어 나르는 데 안성맞춤입니다.

파워셔블의 본체는 무한궤도와 그 위에서 자유롭게 회전하는 상부 구조로 구성되어 있습니다. 상부 구조에는 유압 장치와 로프, 운전석 등이 설치되어 있지요. 파워셔블은 디퍼 대신 다른 부속 장치를 부착하면 크레인이나 굴착기 같은 용도로 사용하는 것도 가능합니다. 따라서 광물 채굴을 하는 현장 등에서 쓰임새가 많지요.

21 공항급유차

크 기
탱크 용량에 따라 5천~4만 리터로 구분함.

용 도
주기장에 들어오지 못하는 항공기에 연료를 공급함.

참고 사항
군용기에 공중 급유를 하는 비행기를 '공중급유기' 또는 '항공탱커'라고 함.

　거대한 항공기에 어떻게 연료를 공급할까요? 그때 이용하는 장비가 '공항급유차'입니다. 대부분의 항공기는 공항 주기장 안에 있는 급유 시설에서 연료를 넣지요. 주기장 지하 배관과 연결된 급유전 밸브에 항공기 연료 탱크를 연결하는 방식입니다. 하지만 항공기가 주기장에 들어가지 못하는 경우, 공항급유차를 이용해 연료를 공급하지요.

　항공기의 연료는 대부분 날개에 저장됩니다. 보통 항공기 한 대에 1천 드럼이 넘는 연료가 들어가지요. 여기서 1드럼은 200리터에 달하는 양입니다. 그러니까 항공기 한 대가 20만 리터 안팎의 연료를 가득 채우는 셈이지요. 공중 급유는 군용기 같은 특수 비행기에 해당하는 것일 뿐, 일반 항공기는 반드시 정지해 있는 상태에서 연료를 공급받습니다.

22 지게차

크 기
일반적인 지게차의 크기는 폭 120~210센티미터, 길이 240~300센티미터.

용 도
2개의 포크를 이용해 지게와 비슷한 원리로 물품을 운반함.

참고 사항
3톤 이상 지게차를 운전하려면 지게차운전기능사를 취득해야 함.

　유압으로 작동하는 2개의 포크를 이용해 지게와 비슷한 원리로 물품을 운반하는 건설기계입니다. 그래서 '지게차'를 '포크리프트'라고도 하지요. 소형 지게차의 영어 명칭은 그와 별개로 '스태커'라고 합니다. 지게차는 1920년대에 개발되어 지금은 건설 현장이나 공장 등에서 흔히 볼 수 있는 장비로 자리 잡았습니다.

　지게차는 종류가 다양합니다. 그중 '카운터밸런스형'이 있는데, 운전자가 앉아서 조종하기 때문에 '좌식지게차'라고도 하지요. 바닥이 고르고 과속 주행이 필요 없는 안정된 작업장에서 사용하기 좋습니다. 다음은 '리치형'이 있습니다. 이것은 운전자가 서서 조종하며, 좁은 공간에서 사용하기 안성맞춤이지요. 그 밖에 '텔레스코픽', '컨테이너핸들러' 등이 있습니다.

23
탱크로리

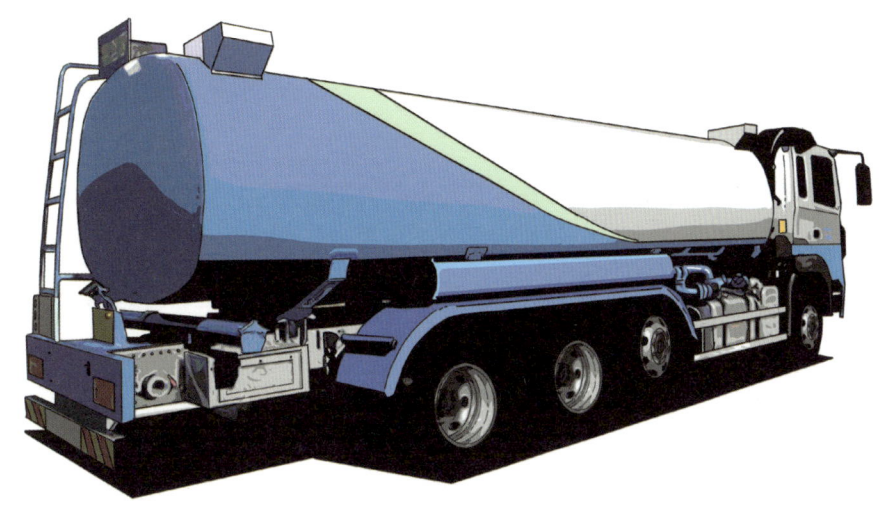

크 기
탱크 용량에 따라 2~24톤으로 다양함.

용 도
물, 원유, 화학 물질 같은 액체를 운반하는 데 이용함.

참고 사항
3.5톤 탱크로리의 경우 약 5천 리터 액체 운반이 가능함.

살수차를 설명할 때 이야기했듯, 물과 원유를 비롯해 화학 물질 같은 액체를 운반할 목적으로 만든 트럭을 '탱크로리'라고 합니다. 앞쪽에 운전 시설을 갖추고, 트럭 뒤쪽에 2~24톤 정도 되는 탱크를 설치한 차량이지요. 살수차뿐만 아니라 우리 주변에서 종종 보게 되는 소방차와 유조차, 분뇨수거차 등을 모두 탱크로리라고 할 수 있습니다.

보통의 탱크로리는 일반적인 운전면허증만 있어도 운행이 가능합니다. 하지만 화학 물질이나 고압가스 등을 운반하려면 위험물기능사 자격증을 반드시 갖고 있어야 하지요. 참고로, 탱크로리라는 명칭은 일본식 영어입니다. 영어권 국가에서는 그 대신 '탱크트럭' 또는 '탱커'라는 표현을 쓰지요.

24 견인차

크 기
레커차는 일반 트럭 크기이며, 토잉카는 길이 3.4미터에 폭 1.6미터 정도.

용 도
스스로 움직이지 못하는 차량이나 컨테이너박스, 항공기 등을 옮김.

참고 사항
트랙터트럭의 운전 공간을 캡, 뒷부분을 '차대' 또는 '섀시'라고 함.

　우리나라에서는 '견인차'를 흔히 영어식 표현으로 '레커차'라고 합니다. 스스로 움직이지 못하는 차량을 주차장이나 자동차 수리소 등으로 옮기는 일을 하지요. 교통사고 때문에 차량이 도로 위에 파손되어 있는 상황을 수습하는 데도 견인차의 역할이 필수적입니다.

　그런데 견인차의 의미는 더 넓게 쓰일 때가 많습니다. 뒤쪽 연결기에 트레일러를 연결해 대형 컨테이너박스 등을 옮기는 차량도 견인차라고 할 수 있지요. 그 경우 '트랙터트럭'이라는 명칭으로 불리기도 합니다. 군부대에서는 작전 지역으로 포를 운반하는 데 견인차가 사용되고 있지요. 공항에서 항공기를 견인하는 차량도 있는데, 그것을 가리켜 '토잉카' 또는 '푸쉬백'이라고 합니다.

25 유조선

크 기
1천 톤급부터 60만 톤급 이상까지 다양함.

용 도
원유를 비롯해 액화천연가스와 각종 화학 물질을 운반함.

참고 사항
유조선 개발자는 노벨상을 만든 알프레드 노벨의 형 루드비그 노벨.

원유나 정제유를 여러 개의 탱크에 실어 운반하는 배를 가리킵니다. '유조선'은 영어로 '오일탱커'라고 불리는데, 제2차 세계대전 후 세계적으로 원유 사용량이 크게 늘어나면서 그 수가 늘고 대형화되었습니다. 최근에는 적재 용량이 무려 65만 톤에 달하는 것까지 있지요. 그와 같은 유조선에는 약 4백만 배럴이 훌쩍 넘는 원유를 실을 수 있습니다. 1배럴은 약 159리터에 해당하는 양이지요.

그런데 유조선이 단순히 원유만 실어 나르는 역할을 하는 것은 아닙니다. 액화천연가스나 각종 화학 물질을 운반하기도 하지요. 액화천연가스를 실었을 경우에는 유조선을 '엘앤지(LNG)탱커', 화학 물질을 실었을 경우에는 '케미컬탱커'라고 합니다.

26
콤팩터

크 기
50킬로그램~4톤까지 다양한 무게와 형태가 있음.

용 도
노면을 단단히 다지는 데 사용하는 장비를 가리킴.

참고 사항
소형 다짐기계에는 '래머'와 '탬퍼'도 있음.

 건설 현장에서 노면을 정리하고 다지는 데 사용하는 장비를 '콤팩터'라고 합니다. 우리말로 하면 '다짐기계'라고 할 수 있지요. 콤팩터는 중량이나 진동, 또는 두 가지 방식을 모두 이용해 땅을 평탄하고 단단하게 다지는 역할을 합니다. 무게는 보통 50~100킬로그램 정도 되는 것이 많고 작업자 1명이 작동하지요.

 콤팩터가 제 기능을 하지 못하면 그 위에 세우는 시설물이 안정감을 갖지 못합니다. 단순히 무겁게 짓누르는 것만으로는 충분한 역할을 했다고 볼 수 없지요. 바닥의 흙이나 모래, 자갈 등이 빈 공간 없이 잘 섞이고 단단히 압착되도록 하는 것이 중요합니다. 한편, 대규모 건설 현장에서는 2~4톤 정도의 롤러나 불도저 형태 콤팩터가 사용되기도 하지요.

27
바위톱

크 기
차량 폭 2.3~3.2미터, 톱 지름 1.5미터 안팎.

용 도
커다란 바위를 잘라서 해체함.

참고 사항
금속, 목재, 콘크리트 절삭에 사용하는 원형 톱도 각각 따로 있음.

 공사 현장에서 거대한 바위가 발견되었다고 생각해봐요. 그것을 당장 해체하지 못하면 다른 공사를 진행할 수 없겠지요. 그때 필요한 중장비가 '바위톱'입니다. 바위톱은 커다란 원판 모양 톱을 이용해 크고 단단한 바위를 원하는 대로 잘라내지요.
 원판 모양의 바위톱에는 강철 톱니가 촘촘히 나 있습니다. 톱은 '스태빌라이저'라는 장치에 의해 이리저리 흔들리지 않게 균형이 잡혀 있지요. 운전자는 무한궤도 위에 설치된 운전실에 앉아 작업을 진행합니다. 흔히 거대한 바위가 발견되는 현장은 지형이 험난해 일반 바퀴가 아닌 무한궤도로 바위톱이 움직이지요. 바위를 깨고 자르는 만큼 작업 중에는 소음도 굉장히 심한 특징이 있습니다.

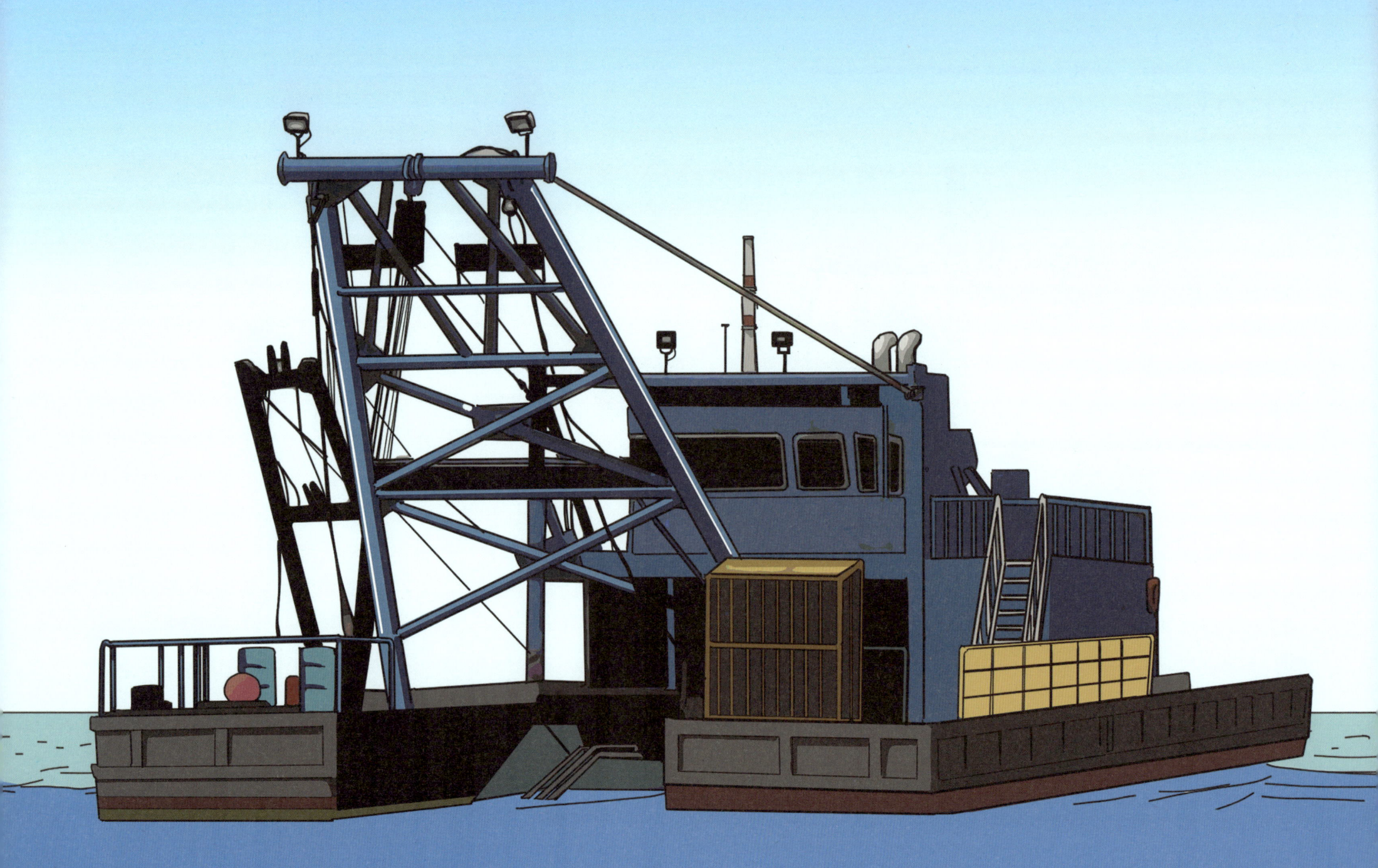

28 준설선

크 기
길이 50미터, 폭 23미터, 중량 2천 톤 안팎.

용 도
하천이나 해안 바닥의 흙, 모래, 자갈 등을 파내는 데 이용함.

참고 사항
준설 방법에 따라 디퍼준설선, 그래브준설선, 래더준설선 등으로 구분함.

　강이나 바다의 바닥에 있는 흙, 모래, 자갈 등을 파내는 데 이용하는 배를 '준설선'이라고 합니다. 물의 깊이와 바닥에 있는 물질의 종류에 따라 그에 적합한 설비를 갖추지요. 건설기계 중 하나이면서 일종의 선박(배)이기도 합니다.

　'준설'이란, 하천이나 해안 바닥에 쌓인 흙과 돌을 파내 바닥을 깊게 만드는 일을 가리킵니다. 흔히 홍수에 대비하거나 공사에 사용할 골재를 채취하기 위해 그런 작업을 하지요. 또한 강이나 바다의 폐기물을 인양하는 데도 중요한 역할을 합니다. 준설선은 동력 기관을 갖춰 스스로 이동할 수 있는 종류가 있고, 동력 없이 다른 선박에 견인된 후 바지선 형태로 작업하는 종류도 있습니다. 바지선은 바닥이 평평한 화물 이동용 선박을 일컫지요.

29 자갈채취기

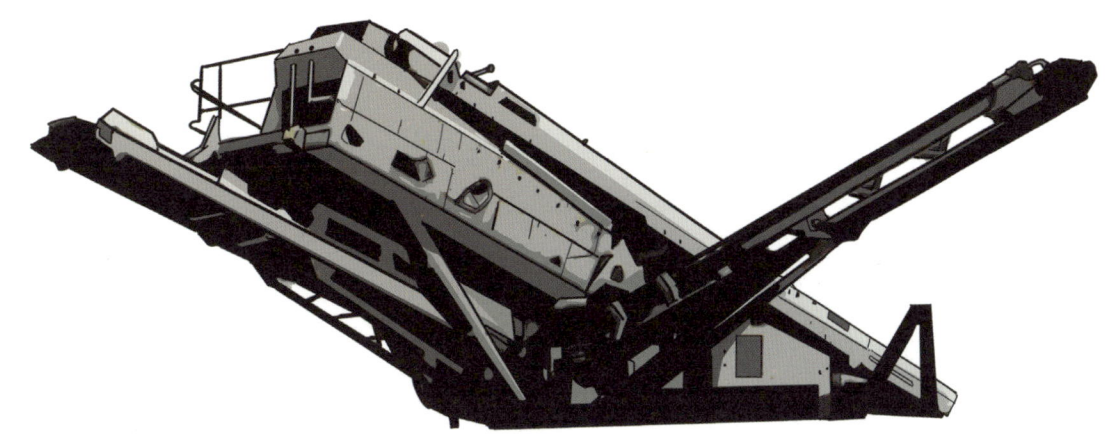

크 기
자갈채취기의 규격은 시간당 자갈 채취량으로 표시함.

용 도
자갈이나 모래를 채취하는 데 사용함.

참고 사항
자갈채취기는 대차(레일용 바퀴가 달린 차)나 바지선 위에서 작업함.

 자갈이나 모래를 채취하는 데 사용하는 건설기계를 '자갈채취기'라고 합니다. 과거에는 '사리채취기'라고 했는데, 그것이 일본식 용어라서 지난 2014년에 자갈채취기로 명칭을 바꿨지요. 일본어에서 자갈을 뜻하는 한자어가 사리거든요.

 자갈채취기는 일종의 준설선이라고 할 수 있습니다. 공사 현장에서 쓸 자갈이나 모래를 대량으로 채취하는 곳은 주로 강과 해안이지요. 자갈채취기는 전동 장치를 비롯해 버킷 장치, 선별 장치, 파쇄 장치 등으로 구성되어 있습니다. 그리고 크게 유닛식과 트레일러탑재식, 2종류로 구분하지요. 참고로, 자갈채취기는 시간당 얼마만큼 자갈을 채취하느냐에 따라 그 규격을 나타냅니다.

30
블라스트홀드릴

크 기
길이 4.3미터, 폭 2.1미터, 중량 3톤 안팎.

용 도
지름이 큰 폭파용 구멍을 빠르게 뚫는 데 사용함.

참고 사항
전 세계 시장 규모 3조 원에 달하는 필수 건설기계 중 하나임.

'블라스트홀드릴'을 우리말로 표현하면 '발파공착암기'라고 할 수 있습니다. 영어 단어 '블라스트'는 발파 화약을 채운 구멍이라는 뜻이지요. 그러니까 블라스트홀드릴로 단단한 바위에 구멍을 뚫은 다음 다이너마이트를 채워 폭파시키는 것입니다. 한마디로 이 건설기계는 큰 지름의 폭파용 구멍을 빠르게 뚫는 회전식 천공 기계를 일컫지요.

블라스트홀드릴은 정확하고 효율적으로 구멍을 뚫을 수 있도록 특별히 설계되었습니다. 여러 광업이나 건설 산업 현장에서 없어서는 안 될 장비지요. 따라서 드릴의 침투 속도, 정확도, 전반적인 생산성 등이 매우 중요합니다. 아울러 일반 바퀴 대신 무한궤도를 장착한 특징도 갖고 있지요.

31 물대포차

크 기
5톤, 8.5톤, 16톤 등 다양함. 물을 내뿜는 방수 거리 50미터 안팎.

용 도
시위 해산 및 화재 진압에 사용함.

참고 사항
공항에서는 물대포차를 항공기 세척에 이용하기도 함.

'물대포차'는 살수차의 한 종류입니다. 고압으로 물을 강하게 뿜어내는 까닭에 지금의 이름으로 불리게 됐지요. 물줄기가 뻗어나가는 모습이 마치 대포와 같다는 의미가 깃들어 있습니다. 물대포차의 용도는 크게 경찰의 시위 진압용과 거센 불길을 진화하는 소방용으로 구분하지요. 경찰서에서는 물대포차를 '물포차', 소방서에서는 '방수차'라고 부르기도 합니다.

물대포차가 물을 뿜어내는 위력은 우리가 상상하는 것보다 훨씬 더 강력합니다. 압력을 높일 경우 사람의 생명을 앗아갈 수 있을 정도지요. 그래서 전 세계 시위 현장과 화재 현장에 물대포차가 등장하는 것입니다. 저항하는 군중을 해산시키거나 거세게 타오르는 불길을 잡는 데 효과가 크기 때문이지요.

32 굴착기

크 기
작업 중량 4톤 미만부터 40톤 이상의 초대형 굴착기까지 있음.

용 도
주로 땅을 파거나 깎아내는 역할을 함.

참고 사항
작업 중량 1톤 미만의 굴착기는 건설기계가 아닌 농기계로 분류함.

건축과 토목 공사에 이용되는 건설기계 중 하나입니다. 주로 땅을 파거나 깎아내는 역할을 하지요. 흙과 자갈, 모래 등을 운반하거나 트럭에 싣는 일에도 꼭 필요합니다. 규격이 작은 굴착기는 트럭에 실어 현장으로 옮기는 것도 가능해 더욱 편리하지요. 또한 굴착기는 경사로에서 쉽게 작동할 수 있는 장점도 가졌습니다.

굴착기는 무한궤도식과 타이어식이 있습니다. 무한궤도식은 지면이 고르지 못한 곳에서, 타이어식은 빠른 속도로 이동이 필요한 곳에서 사용하지요. 대개 앞쪽에 버킷을 장착해 이용하지만, 드릴이나 집게로 갈아 끼우면 노면을 부수거나 폐기물 등을 들어 올릴 수도 있습니다. 그래서 굴착기를 일컬어 '건설 현장의 꽃'이라고 부르고는 하지요.

33
어스드릴

크 기
굴착 지름 최대 3미터, 깊이 27미터 이상도 작업 가능함.

용 도
회전 버킷으로 지반을 천공하고 토사를 굴착함.

참고 사항
어스드릴과 비슷한데, 손으로 조작하는 소형 도구는 '어스오거'라고 함.

여러 종류의 굴착기를 '백호(backhoe)' 계열과 '쇼벨(shovel)' 계열로 구별합니다. 그중 백호는 버킷을 앞에서 뒤로 당겨 작업하는 굴착기를 가리키지요. 그와 반대로 쇼벨은 버킷을 뒤에서 앞으로 밀어 올리는 방식의 굴착기를 말합니다.

'어스드릴'은 쇼벨 계열 굴삭기 중 하나입니다. 앞쪽에 날이 달린 회전 버킷으로 지반을 천공하고 토사를 굴착하지요. 그 종류에는 굴착기를 트럭에 장비한 것과 크롤러에 장비한 것이 있습니다. 대개 공사 현장에서는 회전하는 드릴 버킷으로 필요한 길이만큼 땅을 깊게 천공하고 그 구멍에 철근을 삽입한 다음 콘크리트를 타설하지요. 굴착 지름은 보통 30~120센티미터입니다.

34

탑차

크 기
1톤, 2.5톤, 3.5톤, 5톤, 25톤 등 다양함.

용 도
비바람이나 온도에 상관없이 물품을 운반하는 데 이용함.

참고 사항
'호로탑차'는 일본어 명칭이므로 '천막탑차'가 올바른 표현임.

  지붕이나 뚜껑이 있는 차량을 '유개차', 그렇지 않고 개방된 차량을 '무개차'라고 합니다. '탑차'는 박스 모양의 유개 화물칸을 갖춘 트럭을 말하지요. 영어권 국가에서는 흔히 '박스트럭'이라고 부릅니다. 박스밴이나 큐브트럭이라고도 하고요.

  탑차는 무개차인 카고트럭에 비해 날씨의 영향을 덜 받습니다. 화물칸에 실은 물품을 비바람으로부터 보호할 수 있기 때문이지요. 또한 냉장이나 냉동 설비를 갖추면 신선 식품 등을 운반하는 데도 안성맞춤입니다.

  탑차는 단순히 유개 설비만 있는 내장탑차, 냉각 기능이 있는 냉장탑차, 날개를 펴는 모양으로 박스를 열 수 있는 윙바디 등으로 구분합니다. 화물칸을 천막으로 씌운 천막탑차도 있습니다.

35
덤프트럭

크 기
2.5톤, 3.5톤, 4.5톤, 5톤, 15톤, 25톤 등 다양함.
용 도
대량의 화물을 실어 운반하는 데 이용함.
참고 사항
12톤이 넘는 덤프트럭은 1종 대형 면허를 가져야 운전할 수 있음.

　화물을 실어 나르는 트럭의 종류에는 '덤프트럭'을 비롯해 카고트럭, 픽업트럭, 탑차 등이 있습니다. 그중 덤프트럭은 화물을 싣는 크고 튼튼한 적재함이 달린 트럭으로 대량 수송에 적합한 차량이지요. 적재함을 기울일 수 있어 화물을 내릴 때도 아주 편리합니다.

　덤프트럭의 화물 적재량은 2~50톤까지 다양합니다. 건설 현장에 골재나 토사를 운반하는 데 없어서는 안 될 중요한 건설기계지요. 특히 대규모 공사에는 12톤 이상의 덤프트럭이 기초 공사에 동원되는 경우가 많습니다. 그만큼 효율성이 뛰어나기 때문이지요.

　덤프트럭 중에는 바퀴 대신 무한궤도를 장착하는 종류도 있습니다. 주로 임업 현장에 투입되는 경우가 많은데, '캐리어덤프' 또는 '크롤러덤프'라고 불립니다.

36 거중선

크 기
적재량 기준 2만~6만 톤.

용 도
바다를 통해 대량의 화물을 실어 운반하는 데 이용함.

참고 사항
거중선의 영어 표현은 '헤비리프트십(heavy lift ship)'.

  선박 중에는 화물을 옮기는 역할을 하는 종류가 있습니다. 화물을 실은 컨테이너를 선박의 화물창 내부와 갑판에 적재하여 수송하는 '컨테이너선'을 비롯해 곡물이나 광물 등을 포장하지 않은 채 실어 나르는 '벌크선'을 예로 들 수 있지요. 원유와 천연가스를 전문적으로 실어 운반하는 '유조선'도 있고요.

  그와 같이 일반 배로 옮기지 못하는 대량의 화물을 옮기는 선박을 가리켜 '거중선'이라고 합니다. 다른 말로는 '중량물 운반선'이라고도 하지요. 거중선은 무겁거나 부피가 큰 물품을 선적하고 하역할 수 있게 특별히 설계되었으며, 한 번에 100톤 이상 들어 올리는 기중기를 갖추고 있습니다. 적재량은 보통 2만~6만 톤에 달하지요.

37

화물열차

크 기
대차 연결 수량에 따라 화물 적재량이 달라짐.

용 도
철도를 이용해 화물을 실어 나름.

참고 사항
아래쪽이나 옆쪽에 내용물을 쏟는 배출구가 있는 화차를 '호퍼차'라고 함.

 '화물열차'는 줄임말로 '화차'라고도 합니다. 화물열차는 화물을 운반하는 열차로서, 과거에는 꽤 폭넓게 사용했으나 지금은 도로 발달에 따라 각종 화물 운반 차량에 그 자리를 많이 내주었습니다. 화물열차는 대개 레일용 바퀴가 달린 대차 위에 물품을 실어 나르는 형태로 운행하지요. 영어권 국가에서는 '마일트레인'이라고 합니다.

 화물열차는 덮개가 있는 화물칸을 갖추면 유개차, 우편물을 운반하면 우편화차, 컨테이너를 실으면 컨테이너화차 등으로 부릅니다. 군사 장비를 실어 나르는 평판차, 시멘트를 옮기는 양회조차, 덮개 없이 석탄 등을 수송하는 무개차도 있지요. 무엇을, 어떻게 싣느냐에 따라 명칭이 달라지는 것입니다. 자동차를 실으면 자동차화차라고 부르는 식이지요.

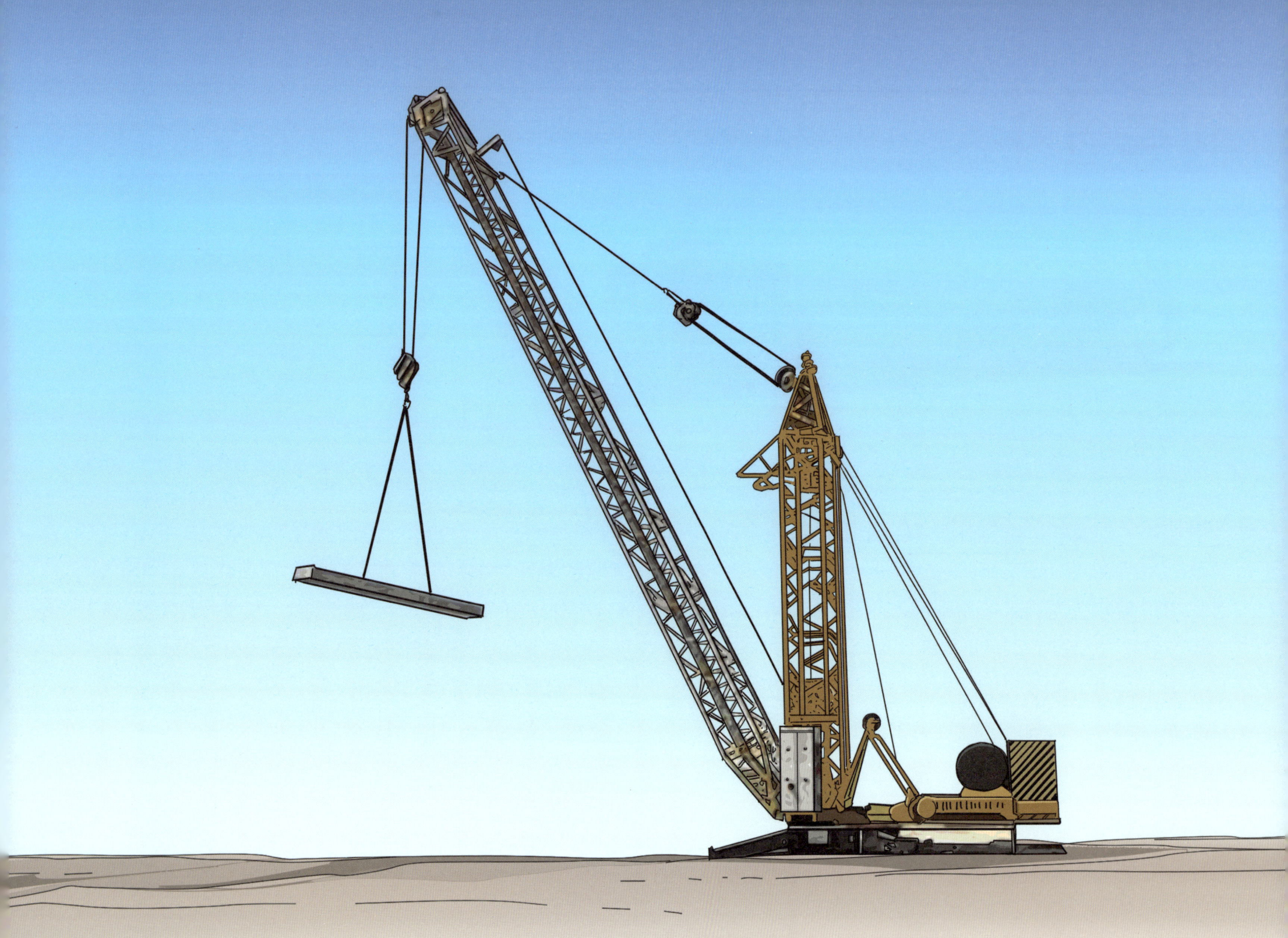

38

타워크레인

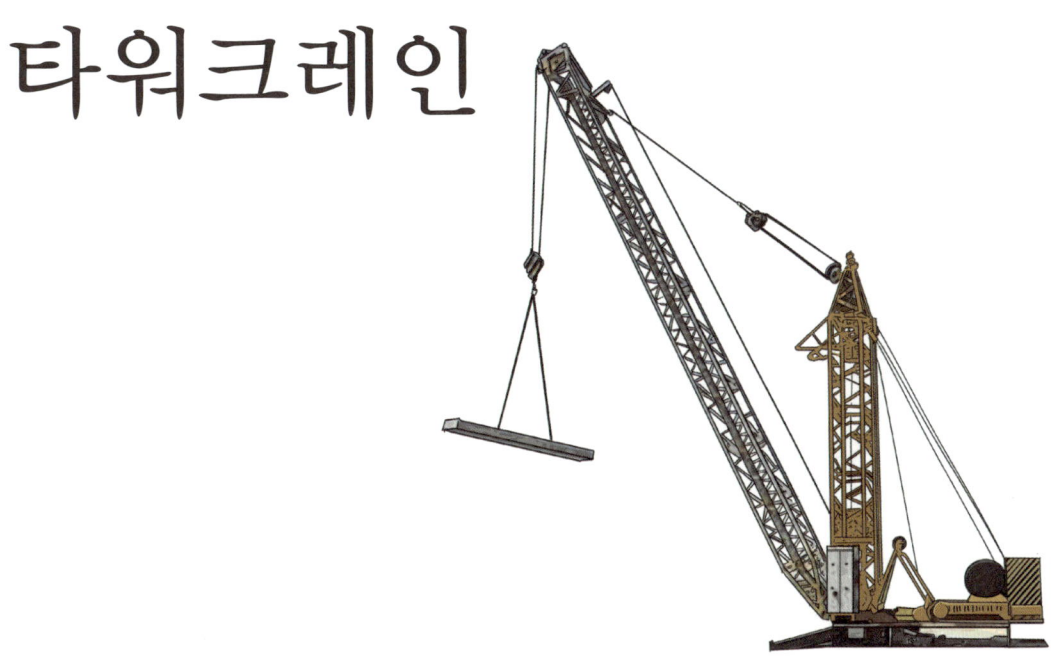

크 기
1회 작업 중량 3톤 미만(소형), 5톤 미만(중형), 5톤 이상(대형).

용 도
고층 건축 및 항만 하역 작업 등에 이용하는 크레인.

참고 사항
타워크레인은 작업을 위해 360도 회전하는 것이 가능함.

　크레인은 무거운 물체를 들어 올려 운반하는 장비를 가리킵니다. 상하 좌우로 자유롭게 작동하는 특성이 있지요. 그 종류에는 고정식 크레인과 이동식 크레인이 있는데, 고정식 크레인의 대표 주자가 다름 아닌 '타워크레인'입니다. 무거운 물체를 들어 올려 운반하는 이 장비는 특히 고층 빌딩이나 아파트 건설 현장, 항만 작업 등에 꼭 필요한 건설기계지요.

　타워크레인은 조종실을 유압 실린더로 밀어올린 다음 비어 있는 아래 공간에 기둥 부품을 채워나가는 식으로 높이를 높여 설치합니다. 해체할 때는 그와 반대로 기둥 부품을 하나씩 빼면 되지요. 타워크레인은 작업 중량에 따라 한 번에 3톤 미만을 들어 올리면 소형, 5톤 미만은 중형, 5톤 이상은 대형으로 구분합니다.

39
아스팔트살포기

크 기
아스팔트탱크 용량은 수백 리터에서 8천 리터까지 다양함.

용 도
아스콘을 일정한 폭에 맞춰 도로에 살포하는 역할을 함.

참고 사항
아스팔트는 대부분의 빛과 열을 흡수하기 때문에 흙길보다 온도가 높음.

일반적인 도로 공사는 길을 평탄하게 다진 뒤 아스콘을 뿌려 덧바릅니다. 아스콘은 아스팔트콘크리트의 줄임말로, 녹인 아스팔트에 모래나 자갈 등의 골재를 결합시킨 혼합물을 가리키지요. 도로 포장 등에 가장 흔하게 쓰이는 건설 자재입니다. 바로 그 작업 과정에 사용하는 건설기계가 '아스팔트살포기'지요.

아스팔트살포기는 덤프트럭으로 운반한 아스콘을 작업 현장에서 일정한 폭에 맞춰 살포하는 역할을 합니다. 그 구조는 아스팔트탱크, 가열 장치, 살포 장치 등으로 이루어져 있지요. 아스팔트살포기의 규격은 아스팔트탱크의 용량으로 나타냅니다. 수백 리터에서 8천 리터에 이르는 것까지 다양한 용량이 있습니다.

40
목재트럭

크 기
보통 적재량 5톤 이상, 총중량 10톤 이상의 대형 트럭을 이용함.

용 도
벌목 현장에서 나무를 실어 옮기는 역할을 함.

참고 사항
원목을 일정 지역에 운반하고 적재하는 직업을 '원목운반원'이라고 함.

  가구 등을 제작하는 데 사용하는 원목은 벌채 과정부터 운반 과정이 험난합니다. 원목이 원체 크고 무겁기 때문이지요. 대개 원목은 길이가 매우 길어 화물 트럭에 싣고 옮기는 데도 많은 어려움이 따릅니다. 물론 작게 잘라서 운반할 수도 있지만, 그 경우 공정이 복합하고 원목을 훼손하는 일도 벌어지지요.

  그래서 원목 운반에 필요한 것이 목재트럭입니다. 목재트럭은 흔히 운전석과 함께 기다란 트레일러 형태의 화물칸이 설치되어 있지요. 거기에 3미터가 넘는 원목을 가지런히 싣고 지지대와 로프를 이용해 결박합니다. 또한 자체적으로 크레인을 장착한 경우도 많지요. 그래야만 험한 지형에서 원목을 싣고 내릴 때 편리하기 때문입니다.

41

사다리차

크 기
1톤 트럭 25미터, 2.5톤 38미터, 5톤 70미터까지 사다리를 올릴 수 있음.

용 도
이사 현장, 화재 현장, 인명 구조 현장 등에서 사용함.

참고 사항
평상시 기다란 사다리를 접어두는 '굴절사다리차'도 있음.

요즘 이삿짐을 나르는 곳에 가보면 '사다리차'를 흔히 볼 수 있습니다. 그것은 명칭에 나타나 있듯 사다리가 달린 차량을 가리키지요. 사다리차 덕분에 높은 위치까지 물품을 빠르고 안전하게 옮기는 것이 가능합니다.

그런데 사다리차는 단지 이사 현장뿐만 아니라 다양한 용도로 이용되고 있습니다. 고층 건물의 외벽을 공사하거나 화재를 진압할 때, 또한 인명 구조 활동 등에도 쓰이지요. 특히 소방서에서는 70미터까지 올라가는 고가사다리차를 이용해 불을 끄거나 위험에 처한 사람들을 구조하고 있습니다. 그처럼 사다리를 장착한 차량은 1톤부터 5톤까지 다양한데 1톤의 경우 25미터 정도까지, 5톤의 경우 70미터 정도까지 사다리를 올리게 됩니다.

42 카고트럭

크 기
2.5톤, 3.5톤, 4.5톤, 5톤, 15톤 등 다양함.

용 도
무개차라서 부피가 크고 무게가 가벼운 화물을 싣는 데 적합함.

참고 사항
카고트럭 뒤쪽에 트레일러를 하나 더 연결시킨 차량을 '풀카고'라고 함.

    화물을 실어 나르는 트럭의 종류에는 '카고트럭'을 비롯해 픽업트럭, 덤프트럭, 탑차 등이 있습니다. 그중 카고트럭은 일반적인 화물차를 모두 가리키는 대명사로 쓰이지만, 특별히 무개 화물칸을 갖추고 있는 화물차를 의미하기도 합니다. 여기서 '무개'란 지붕이나 뚜껑이 없다는 뜻이지요. 화물 적재함의 옆면을 간단히 열 수 있어 영어권 국가에서는 '드롭사이드트럭'이라고도 부릅니다.

    카고트럭의 장점은 무개차이기 때문에 화물을 좀 더 자유롭게 실을 수 있다는 것입니다. 부피가 커도 무게가 가벼우면 어느 정도 차량 크기에 구애받지 않고 많이 싣는 것이 가능하지요. 그러나 날씨의 영향을 받는 단점과 운행 중 화물 안전에 주의해야 하는 번거로움이 있습니다.

43

믹서트럭

크 기
주로 15톤 차량을 믹서트럭으로 이용함.

용 도
콘크리트를 굳지 않게 건설 현장까지 운반하는 역할을 함.

참고 사항
현대식 믹스트럭은 1920년 미국에서 발명됨.

'트럭믹서'라고도 합니다. 시멘트, 모래, 자갈, 물 등을 혼합한 콘크리트를 건설 현장까지 운반하는 역할을 하지요. 그처럼 아직 굳지 않은 상태로 배달되는 콘크리트를 '레디 믹스드 콘크리트'라고 하는데, 그 말이 일본을 거쳐 들어오면서 '레미콘'으로 정착되었습니다. 그래서 우리나라에서는 트럭믹서를 흔히 '레미콘차'라고 부르지요.

믹서트럭은 엔진의 힘을 바퀴로 전달하는 구동축을 뒤쪽에 실은 통에도 연결하여 계속 굴리는 방식으로 콘크리트를 굳지 않게 운반합니다. 그렇게 해야 공사 현장에서 필요한 곳에 콘크리트를 쉽게 부을 수 있지요. 우리나라에서는 보통 15톤 차량을 믹서트럭으로 이용하는 경우가 많습니다. 또한 믹서트럭은 종종 '콘크리트펌프카'와 함께 사용되지요.

44
제설차

크 기
1톤부터 15톤 정도까지 다양함.

용 도
폭설이 쏟아졌을 때 눈을 치우는 역할을 함.

참고 사항
철도 제설에는 회전하는 원형 블레이드를 장착한 '로터리제설차'가 이용됨.

 '제설차'는 눈을 치우기 위해 특별히 제작한 차량을 말합니다. 넓게 보면 제설 장비를 장착한 트럭이나 트랙터, 불도저 등을 모두 가리키기도 하지요. 제설차는 폭설이 쏟아졌을 때 눈을 도로 옆으로 밀어놓아 차량과 사람들의 이동을 편리하게 합니다.

 우리나라의 경우, 앞서 설명했듯 전문적인 제설차 못지않게 트럭 등에 제설 장비를 장착해 작업에 나서는 상황이 많습니다. 그때 사용하는 트럭은 1톤부터 15톤 정도까지 다양하지요. 차량 앞쪽에 설치한 블레이드로 한꺼번에 눈을 밀어내면 수십 명의 인력이 달라붙어 작업하는 것보다 더 뛰어난 성과를 보입니다. 그 다음에 미리 화물칸에 싣고 온 염화칼슘이나 모래를 뿌려 미끄럼 사고까지 예방하지요.

45

자이언트덤프트럭

크 기
적재 중량 100톤 이상부터 500톤에 이르는 것까지 있음.

용 도
채석장이나 광산 등에서 무거운 자재를 운반하는 데 이용함.

참고 사항
적재 중량 100톤은 흙을 삽으로 8천 번 정도 퍼 담아야 하는 양.

　앞서, 덤프트럭을 크고 튼튼한 적재함이 달려 화물의 대량 수송에 적합한 차량이라고 정의했습니다. 화물 적재량이 2~50톤으로 다양하다고 덧붙였지요. 그런데 '자이언트덤프트럭'은 그런 설명이 무색할 만큼 거대한 중장비입니다. 보통 적재 중량 100톤 이상 되는 초대형 덤프트럭을 가리키지요.

　자이언트덤프트럭은 광산 등 험난한 현장에서 사용하도록 특별이 제작된 차량입니다. 적재 중량이 500톤에 이르는 것도 있을 만큼 엄청난 위용을 자랑하지요. 거의 모두 오프로드 전용 타이어를 장착했으며, 운전석을 보호하는 강철판이 위쪽에 덮여 있는 형태가 많습니다. 또한 엄청난 화물 무게를 견디기 위해 차체와 섀시가 아주 견고하게 고정되어 있지요.

46 트랙터

크 기
견인력 10~500마력 이상까지 다양함.

용 도
건설 현장의 견인차 또는 농촌에서 농기계로 이용함.

참고 사항
트랙터의 최고 시속은 40~70킬로미터 정도로 제한함.

'트랙터'라는 단어에는 무엇을 끌어당기는 힘을 가진 기계라는 의미가 담겨 있습니다. 건설 현장에서 다른 중장비나 트레일러 등을 이끌어 작업하는 용도로 이용되지요. 그런데 보통의 경우 트랙터는 농촌에서 쓰이는 농기계를 가리킬 때가 많습니다. 실제로 농촌에서는 과거 소가 하던 작업을 대신하는 등 없어서는 안 될 중요한 장비로 자리 잡았지요.

현재 우리나라 농부들이 사용하는 트랙터는 대개 20~100마력 정도의 중소형입니다. 여기서 마력은 말 한 마리의 힘에 해당하는 작업 능력을 뜻하지요. 트랙터의 엔진은 바퀴 구동과 함께 뒤쪽에 연결하는 로터리나 쟁기를 작동하는 기능을 합니다. 또한 트랙터는 견인력이 강해야 하므로 일부러 중량을 늘려 무겁게 제작하지요.

47 스키드로더

크 기
작업 중량 1~4톤.

용 도
흙과 골재, 분뇨 등을 실어 나르는 용도로 사용함.

참고 사항
2007년, 미국의 중장비 기업 밥캣을 우리나라 두산그룹이 인수함.

'스키드로더'는 로더의 한 종류입니다. 로더는 흙과 골재를 실어 나르는 용도로 사용하는 건설기계지요. 농업에 이용하는 소형 로더는 농기계로 분류합니다. 로더 종류의 건설기계는 버킷이나 포크, 집게를 장착해 화물을 퍼 나르거나 지게차처럼 운반합니다. 통나무 따위를 집게로 집어 원하는 곳으로 이동하기도 하고요.

그중 스키드로더는 건설 현장과 농가에서 많이 사용하는 소형 장비입니다. 타이어와 트랙의 2가지 타입이 있으며, 붐을 들어 올리는 방식에 따라 일반형과 수직상승형으로 구분하지요. 중장비 기업 밥캣의 창업주가 칠면조 농장의 분뇨를 처리하기 위해 처음 발명한 터라, 현장에서는 스키드로더를 일컬어 '밥캣'이라고도 합니다.

48
노상안정기

크 기
유제탱크의 용량(리터)으로 규격을 표시함.

용 도
도로 공사에서 노면을 평탄하게 만드는 데 이용함.

참고 사항
노상안정기의 구조물 중 하나인 '로터'는 회전 운동을 담당함.

'노상안정기'는 주로 아스팔트 공사에 이용하는 건설기계 중 하나입니다. 도로 공사 등을 할 때 흙을 파쇄하거나 보충해 평평한 노면을 만들지요. 아울러 각종 첨가제를 섞어 살포해 도로 바닥을 안정화시키는 데 중요한 역할을 합니다. 이 장비를 제대로 활용하지 못하면 도로 노면이 고르지 못해 운전자들이 어려움을 겪게 되지요.

노상안정기는 '노면커터기'로도 불리며 유제탱크, 가열장치, 압송펌프, 로터 등으로 구성되어 있습니다. 유제탱크 용량은 탱크 안에 저장할 수 있는 유제의 용량으로 나타내며, 가열장치는 유제탱크 안의 아스팔트 등을 버너 등으로 가열해 보온하는 장치입니다. 또한 유제를 밀어 보내는 압송펌프의 용량은 단위 시간당 토출량으로 표시하지요.

49 콘크리트펌프

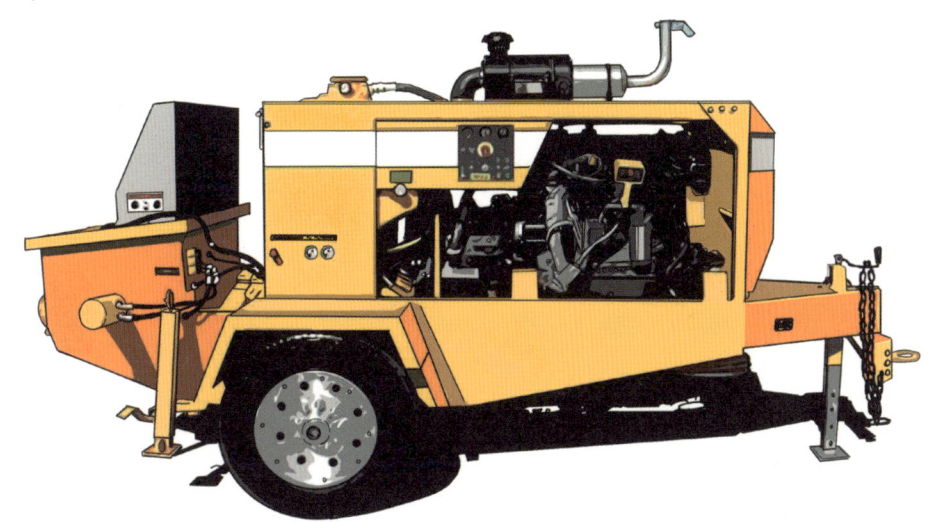

크 기
붐 길이 12~77미터.

용 도
고층 현장에 시멘트나 콘크리트를 타설하는 데 이용함.

참고 사항
콘크리트펌프를 장착한 차량을 '콘크리트펌프카'라고 함.

'콘크리트펌프'는 압력을 이용하여 고층 현장에 시멘트나 콘크리트를 타설하는 건설기계입니다. 믹서트럭과 함께 작업에 동원되는 경우가 많지요. 기다란 붐과 호스가 있어 믹서트럭이 싣고 온 내용물을 높은 곳에 쏟아 붓는 것이 가능합니다.

콘크리트펌프의 차량은 중대형 화물차를 이용합니다. 규격은 붐의 길이로 나타내지요. 우리나라에서는 주로 12~77미터의 붐을 사용합니다. 또한 콘크리트펌프는 디젤엔진이나 전기엔진으로 구동되지요. 디젤엔진은 무거운 콘크리트를 원활히 공급하는 동력을 제공하며, 전기엔진은 조용하고 환경 친화적이라는 장점이 있습니다. 한마디로 콘크리트펌프는 빠르고 효율적으로 콘크리트나 시멘트를 공급해 시간과 인력을 절약하고 품질을 보장하지요.

50 수목이식기

크 기
총 중량 1.5톤, 가로·세로 각 2미터 안팎.

용 도
뿌리가 깊고 커다란 나무를 옮기는 데 사용함.

참고 사항
굴착기나 로더에 별도의 수목 운반 장치를 장착할 수 있음.

 '수목이식기'는 커다란 나무를 옮겨 심을 때 사용하는 중장비입니다. 여러 사람이 땅을 파고 나무뿌리를 다듬어 옮기려면 반나절씩 걸리는 일을 단 몇 십 분 만에 해결하지요. 수목을 이식하려면 먼저 나무를 들어내는 작업이 필요하기 때문에 '수목 굴취기'라고도 합니다. 여기서 굴취란, 새끼줄이나 부직포 등으로 뿌리를 감싸면서 땅에서부터 나무를 캐내어 올리는 작업을 의미하지요.

 수목이식기는 3~4개의 삽날이 나무뿌리를 분 형태로 모아 절단하고 들어내는 건설기계용 장비입니다. 이것을 굴착기나 로더 등 유압 장치에 장착하면 나무를 옮겨 심는 새로운 기능을 발휘하는 것이지요. 이 장비를 사용하면 이식 작업 효율성이 5~10배 정도 향상됩니다.